Ce cahier appartient à

L'ALPHABET GOURMAND

    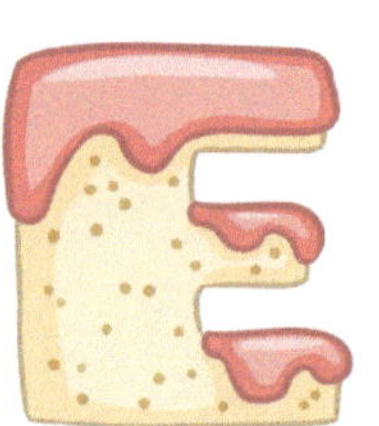 

 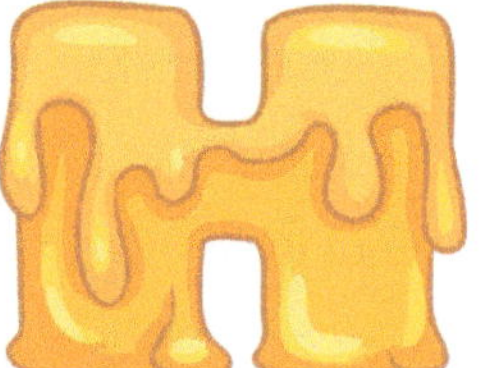    

 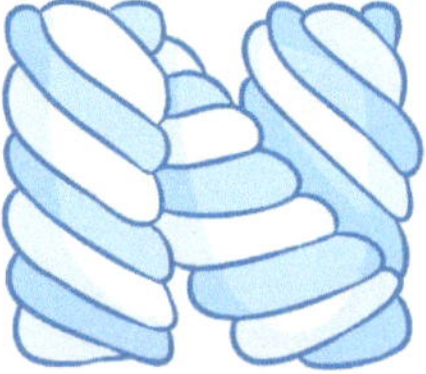   

 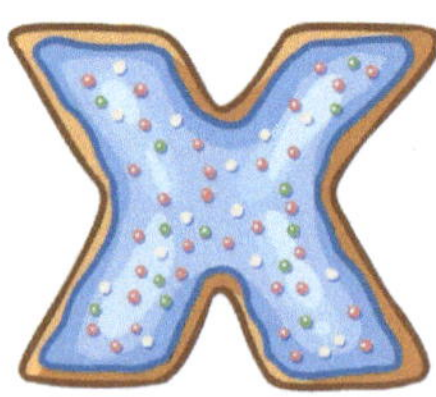  

J'écris
l'alphabet de
A à Z !

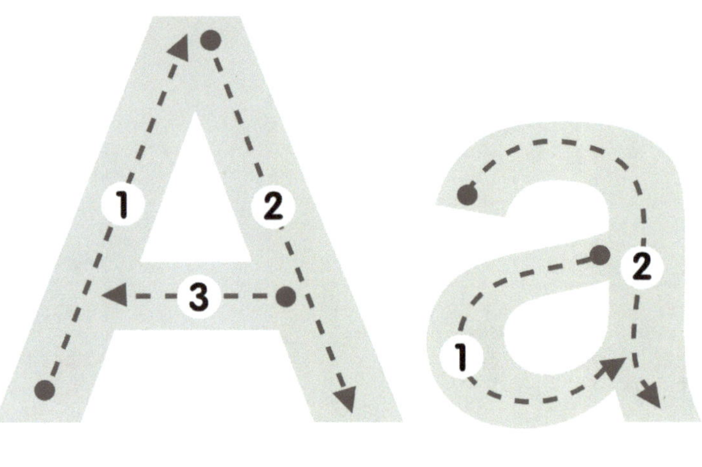

Alligator

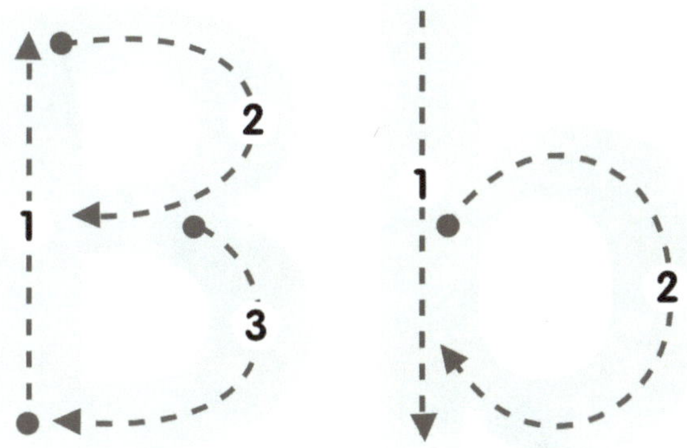

Blaireau

Chien

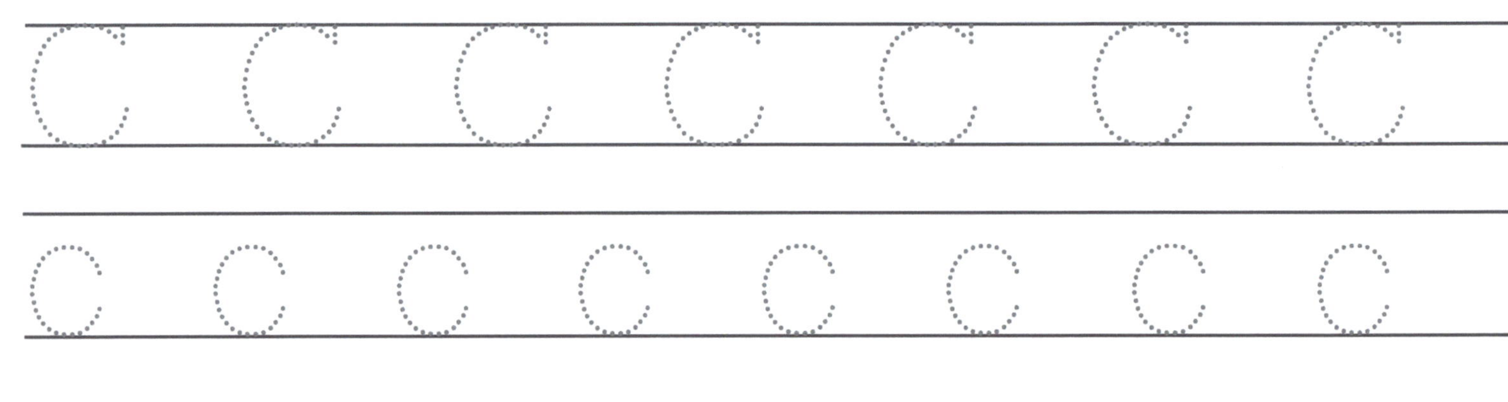

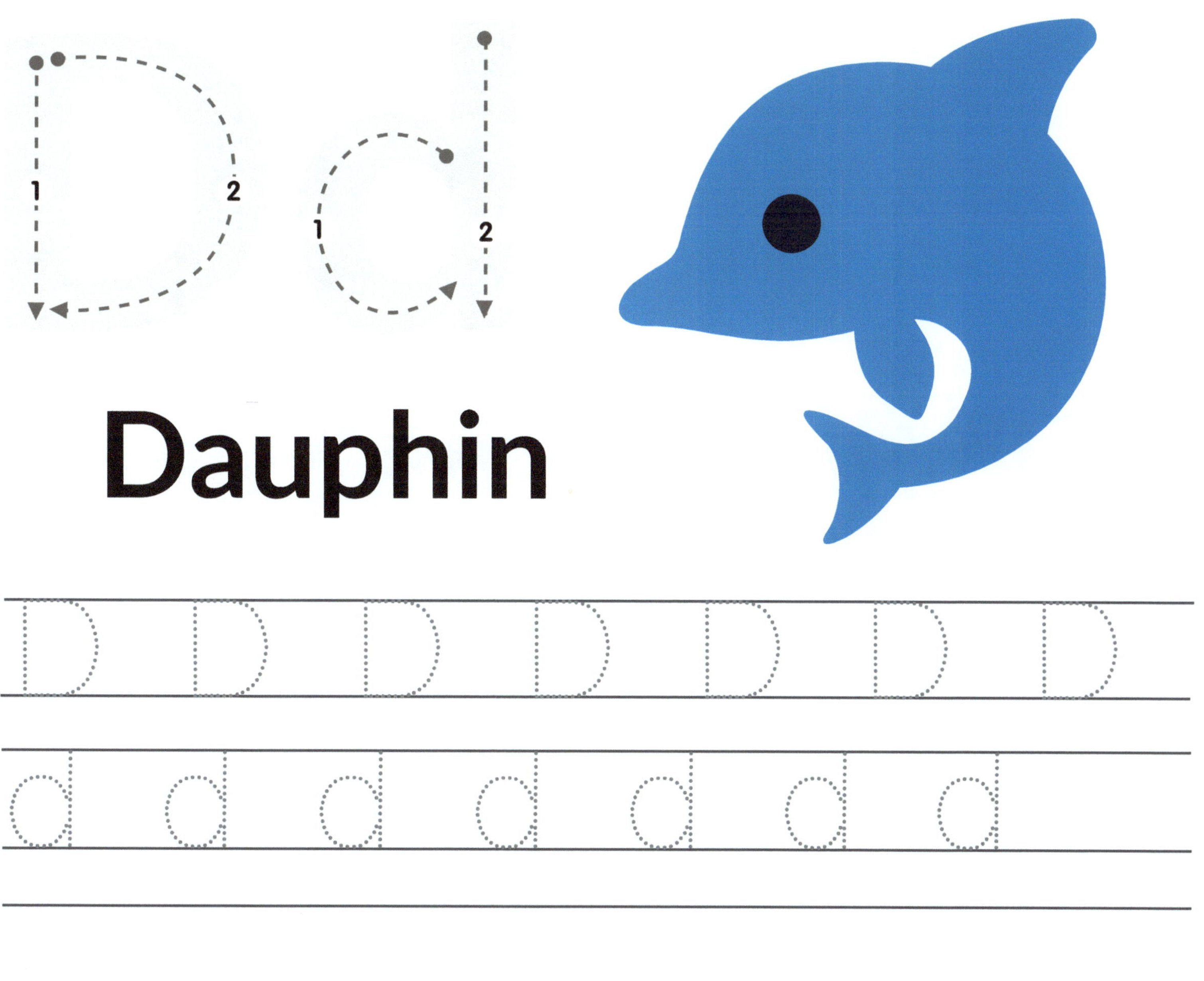

Dauphin

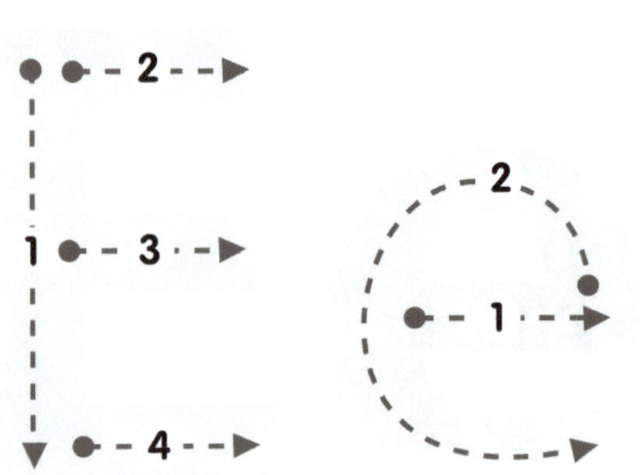

Elephant

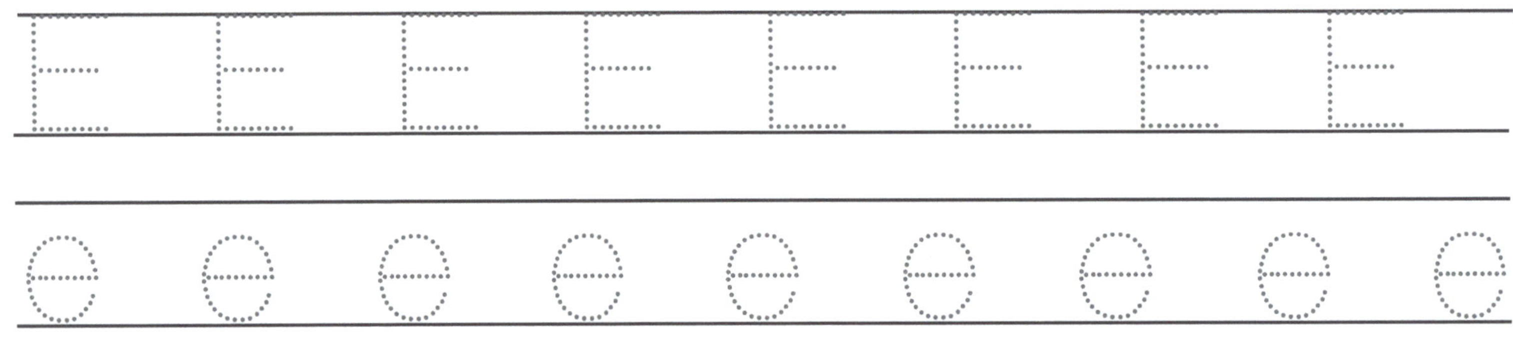

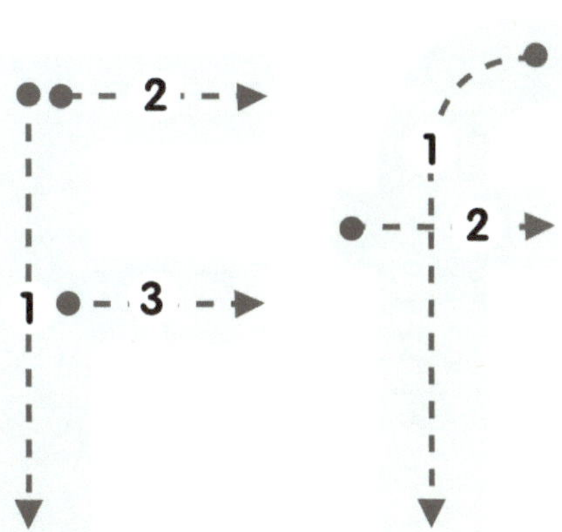

Faon

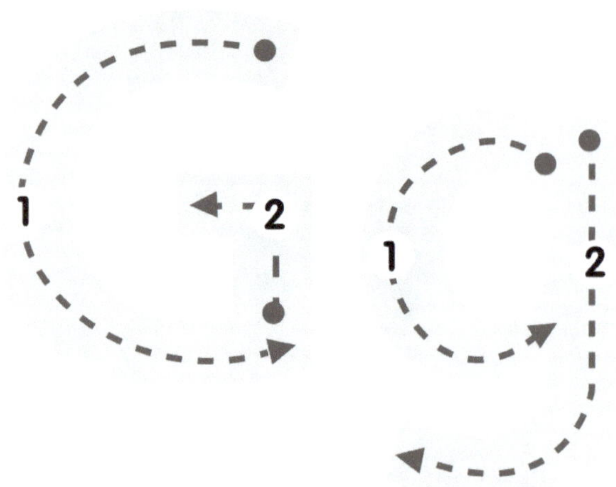

Girafe

Hérisson

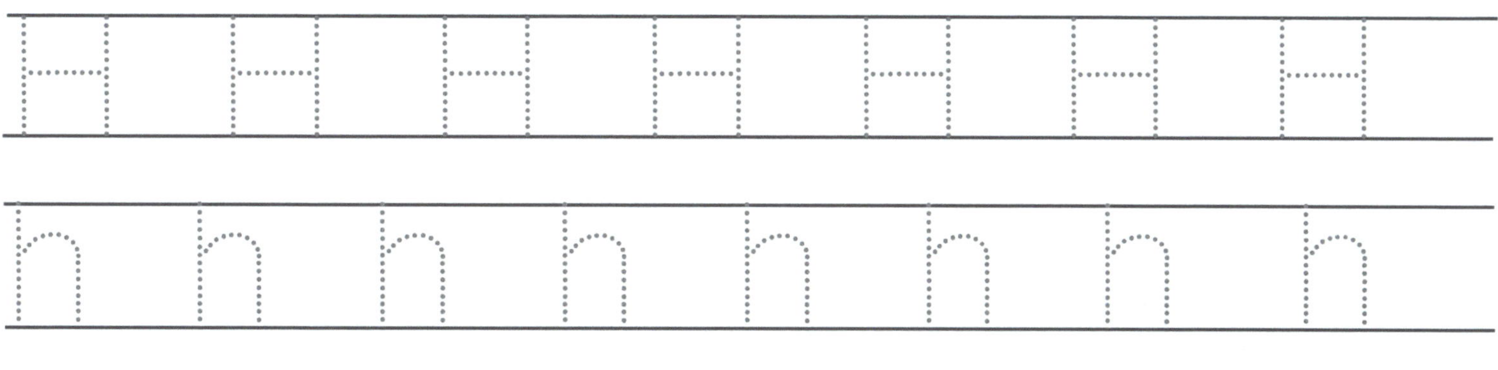

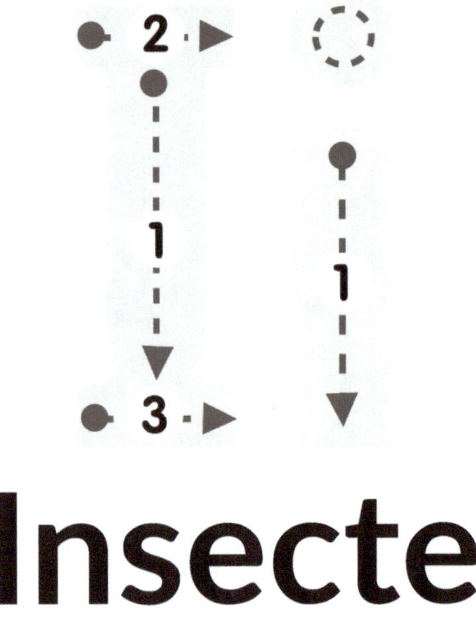

Insecte

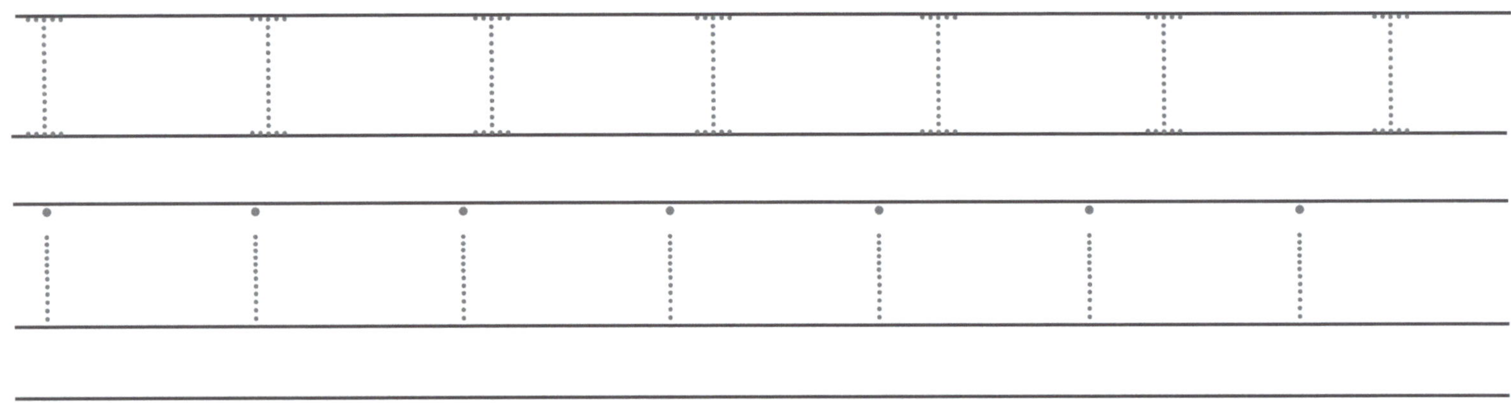

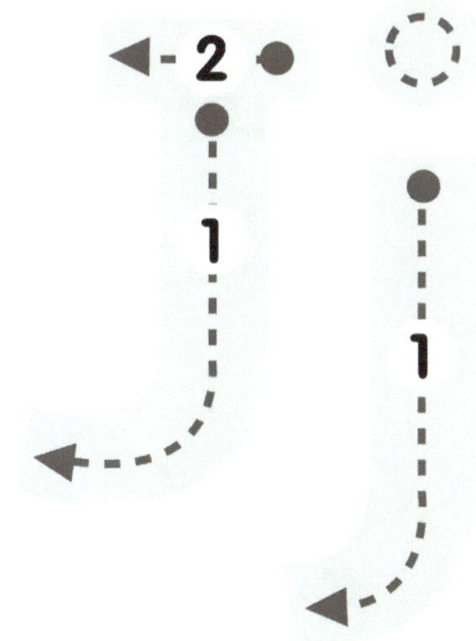

Jaguar

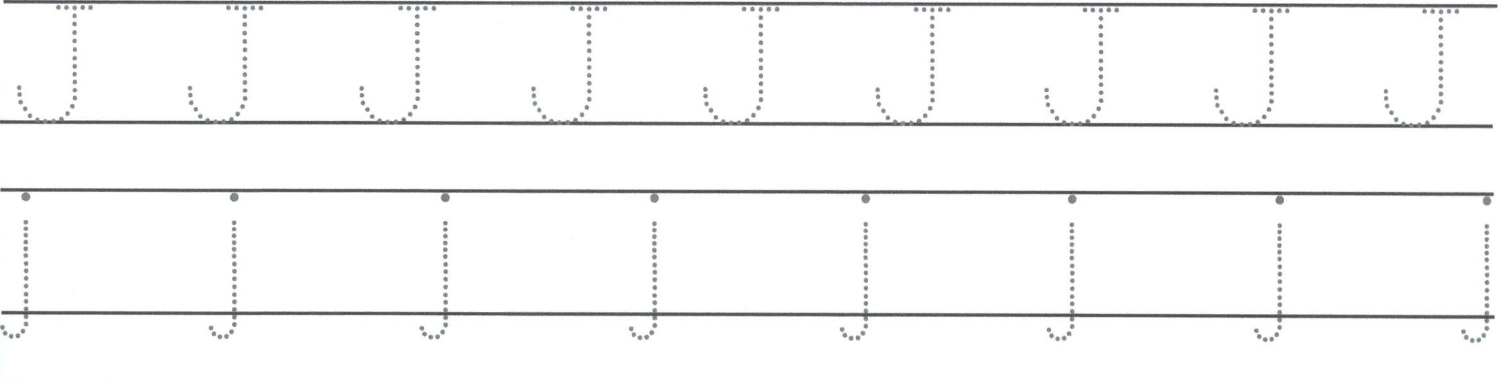

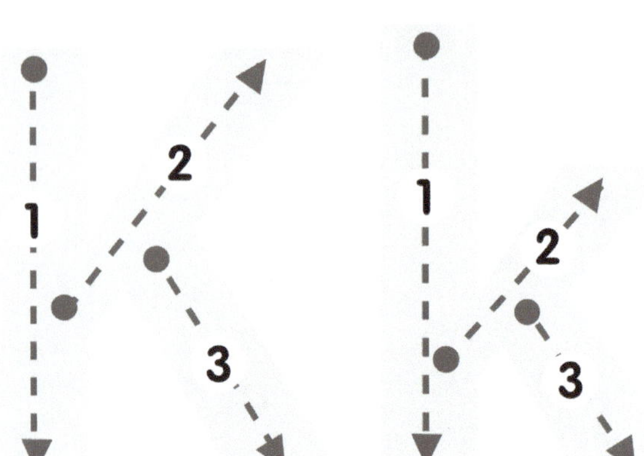

Kangourou

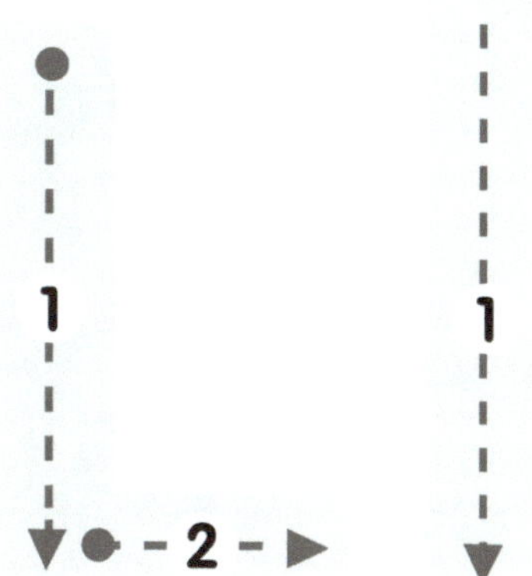

Lion

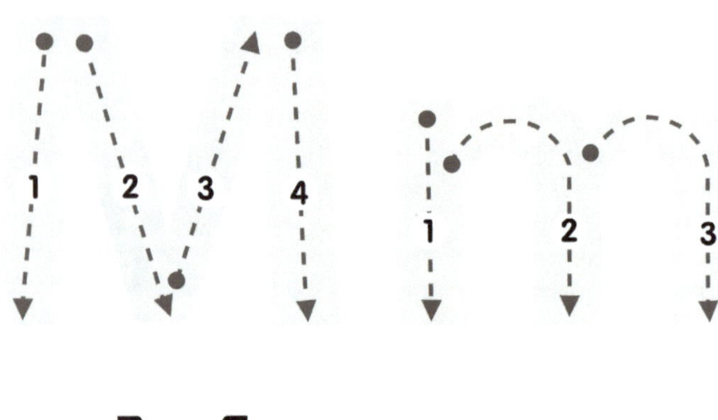

Mouton

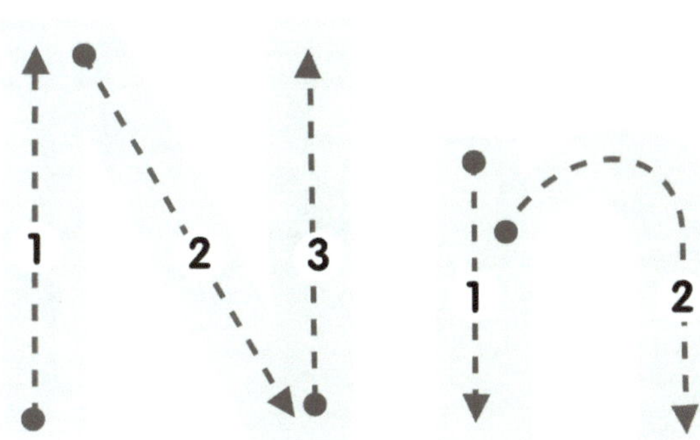

Narval

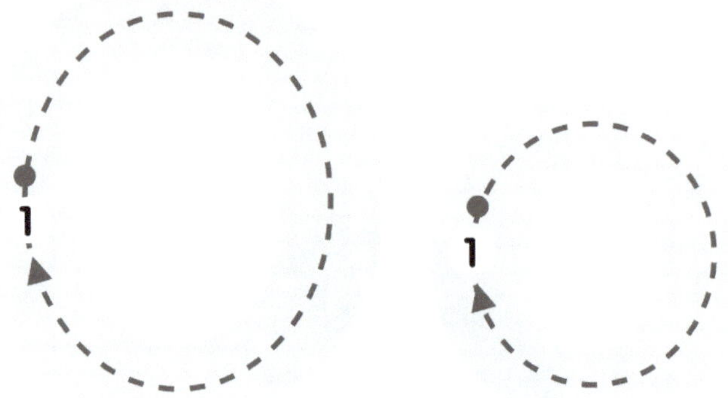

Opossum

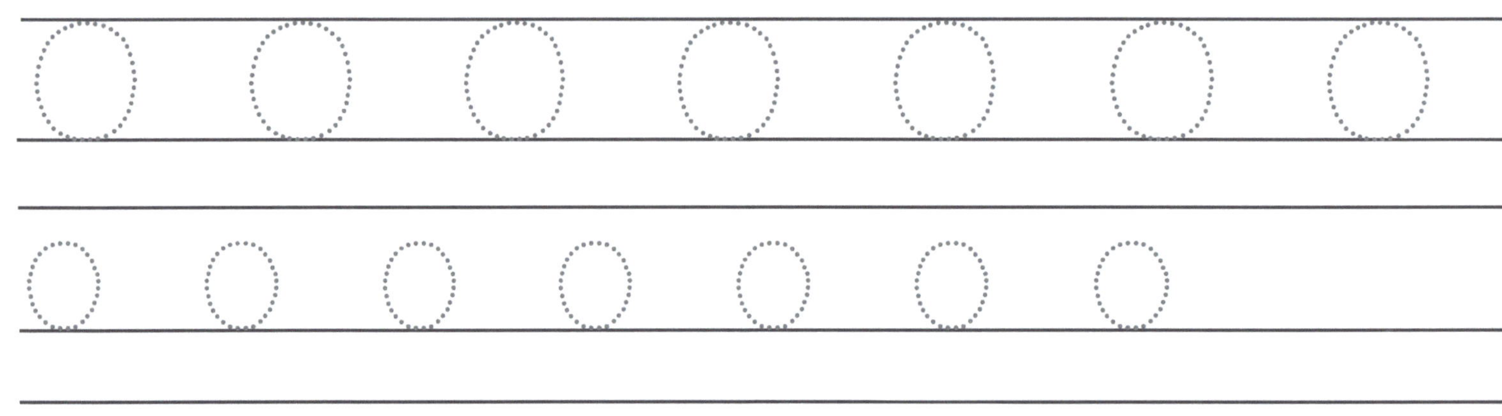

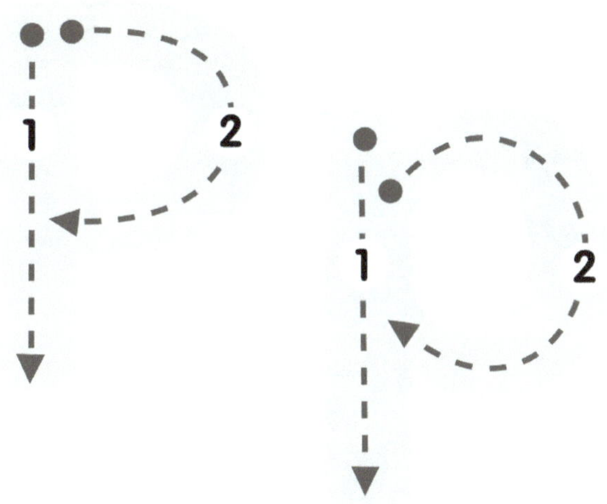

Pélican

Quetzal

Rhinocéros

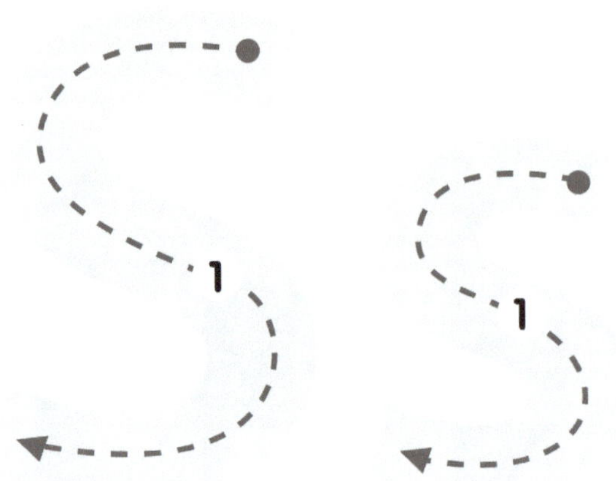

Serpent

Ecrire de A à Z

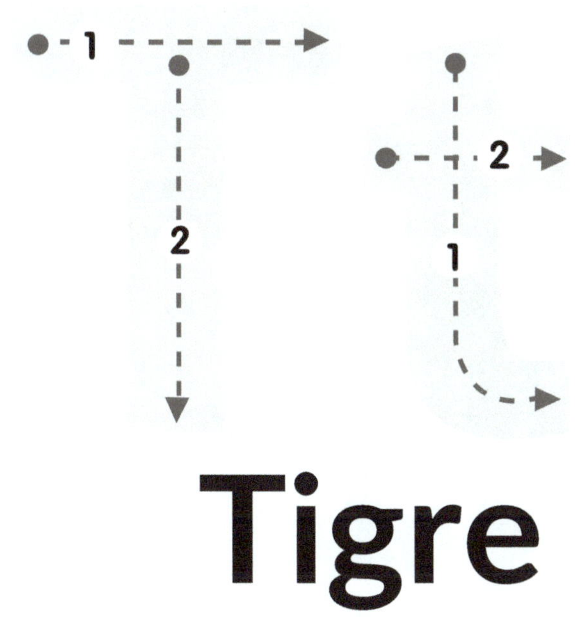

Tigre

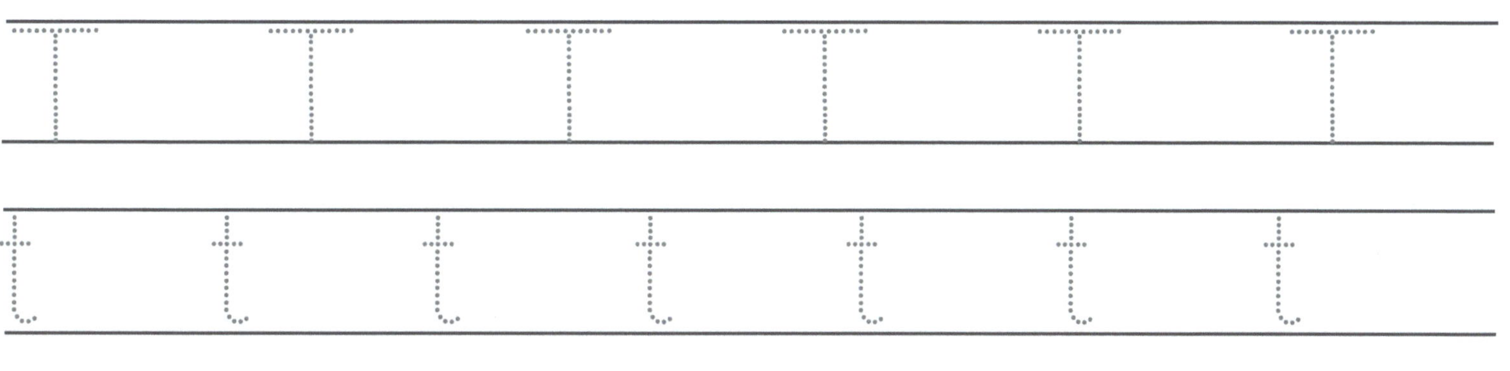

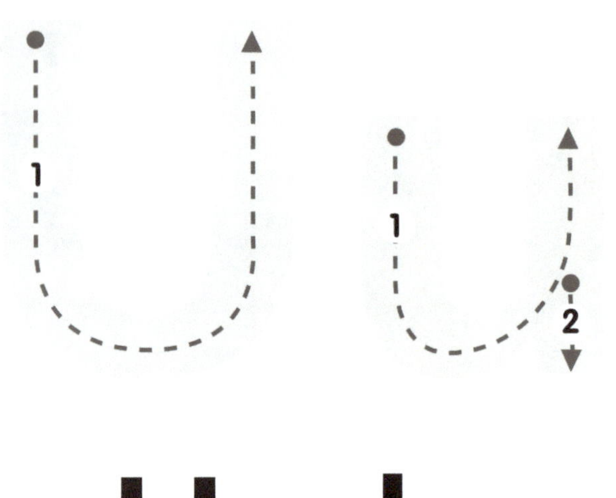

Urubu

1
2
1
2
Vache

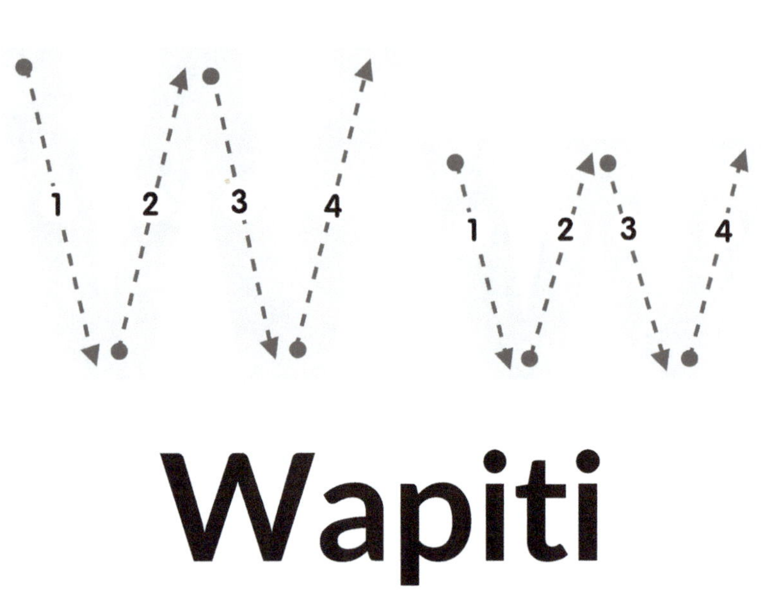

Wapiti

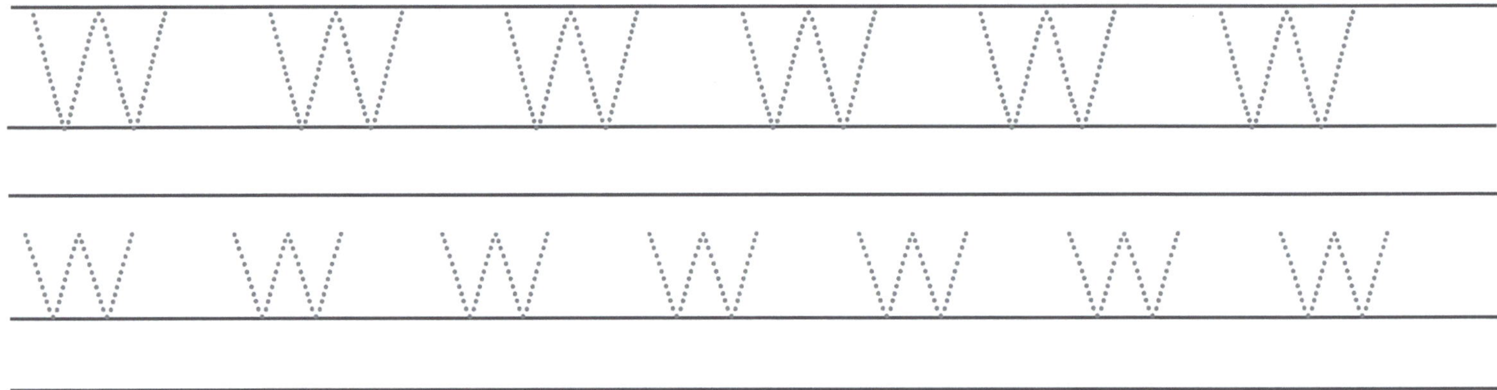

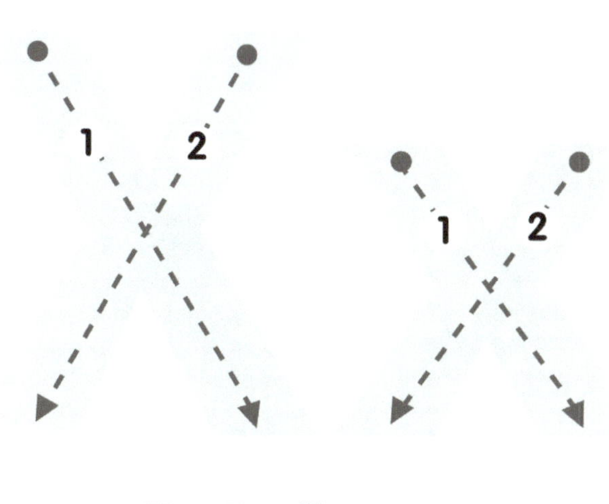

Xérus

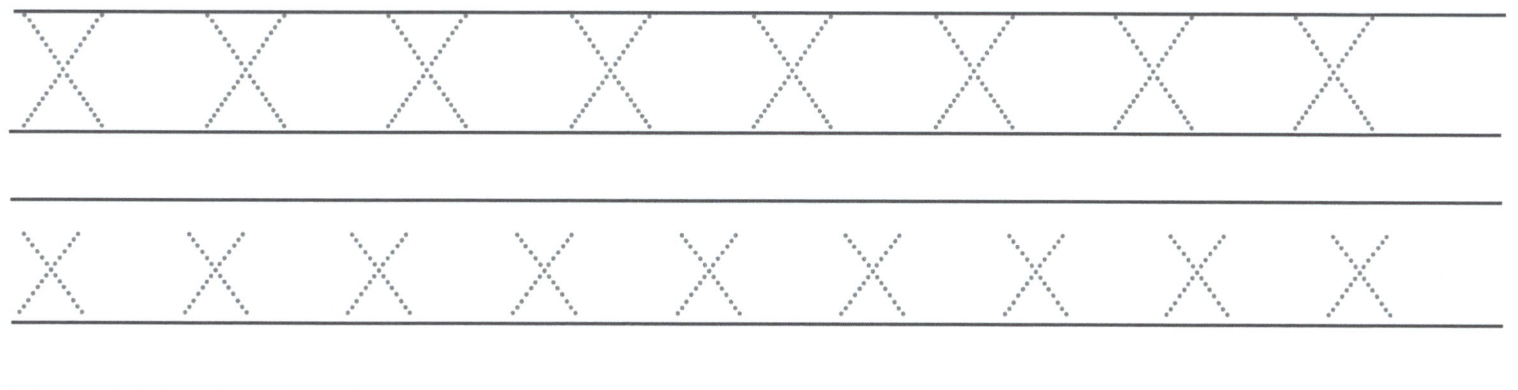

Yack

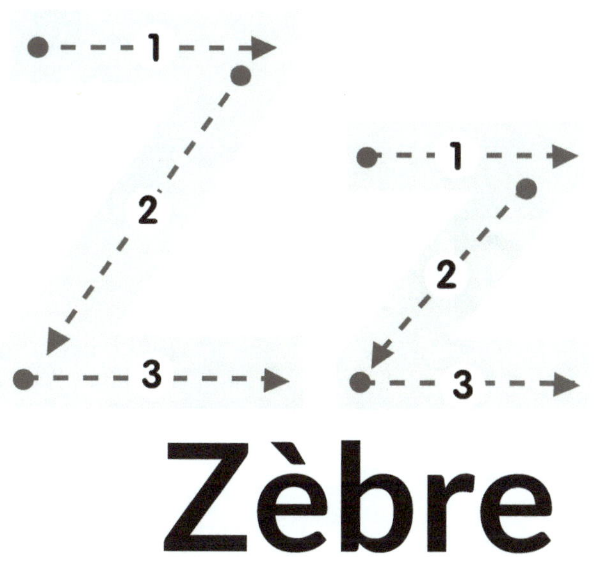

Zèbre

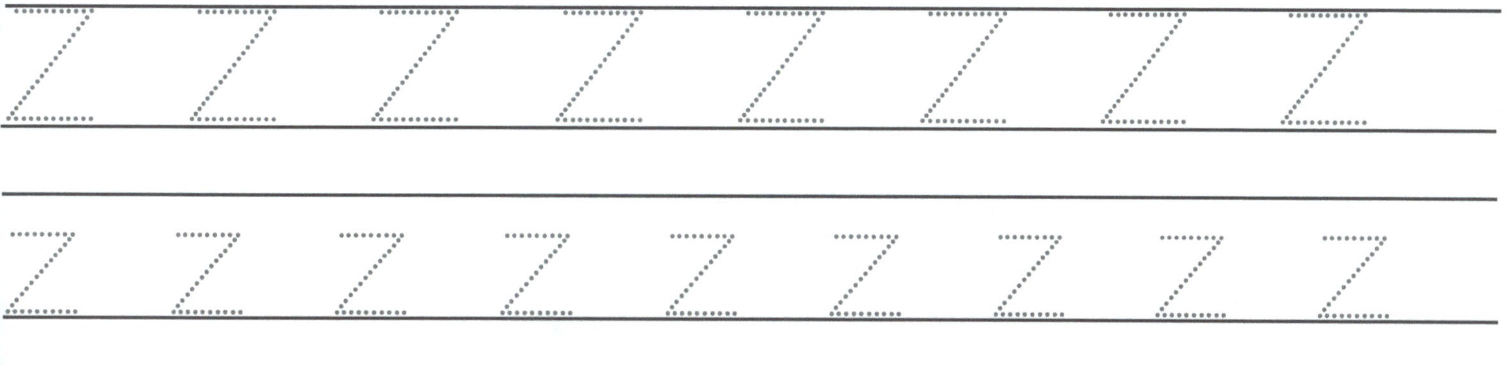

J'écris les chiffres de 1 à 10 !
1 2 3 4 5 6 7 8 9 10

Un

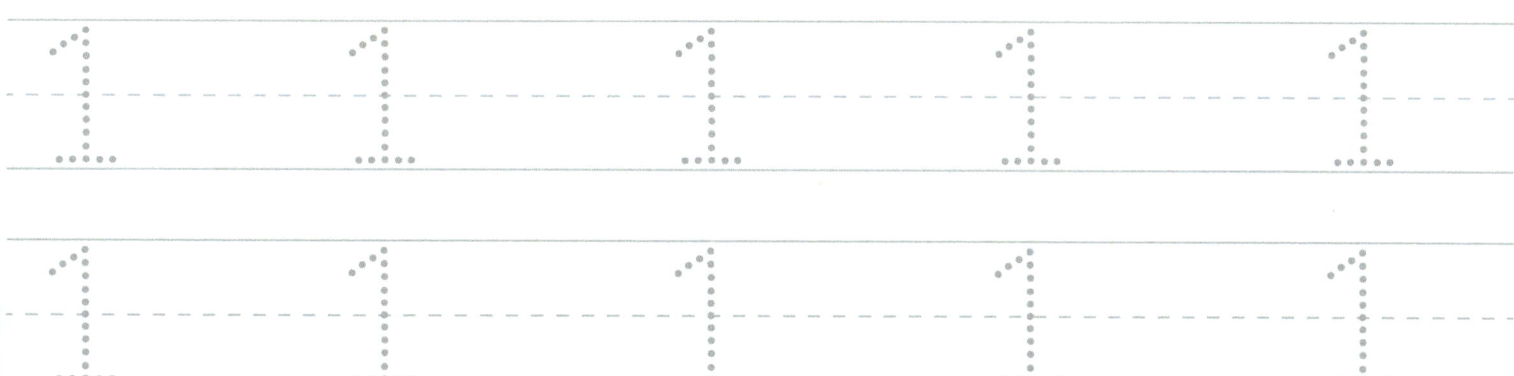

Deux

3

Trois

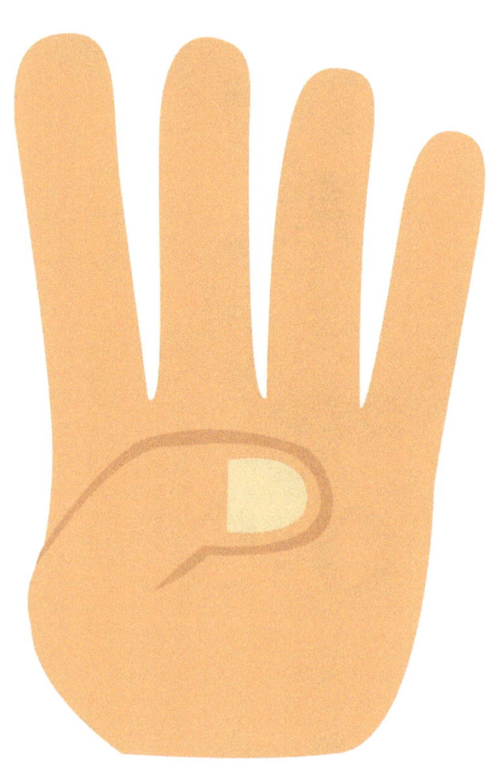

Quatre

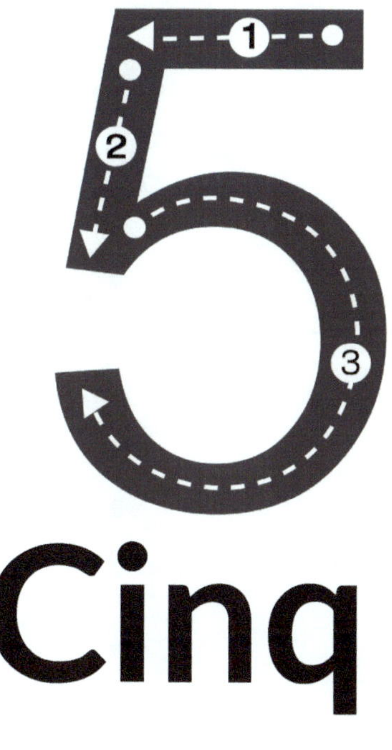

Cinq

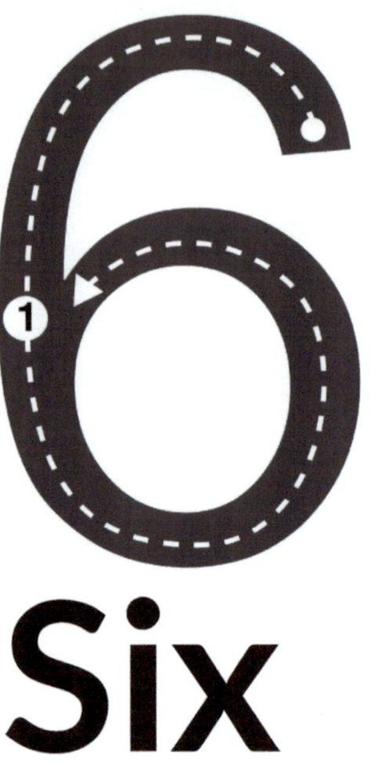

6
Six

7
Sept

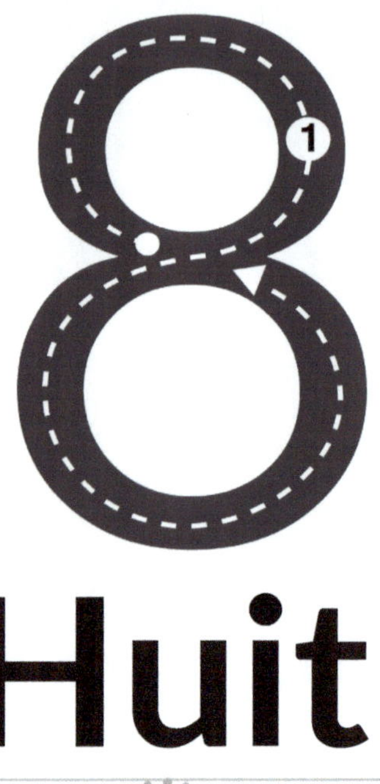

Huit

9

Neuf

10

Dix

10 10 10 10 10 10

10 10 10 10 10 10

10 10 10 10 10 10